EDELVAN JOSÉ DOS SANTOS

Novena de São João Paulo II

EDITORA
SANTUÁRIO

Direção editorial:	Pe. Fábio Evaristo R. Silva, C.Ss.R.
Coordenação editorial e Copidesque:	Ana Lúcia de Castro Leite
Revisão:	Viviane Sorbile
Diagramação e Capa:	Tiago Mariano da Conceição

Textos bíblicos extraídos da Bíblia de Aparecida,
Editora Santuário, 2006.

ISBN 978-85-369-0488-7

2ª impressão

Todos os direitos reservados à **EDITORA SANTUÁRIO** – 2024

Rua Pe. Claro Monteiro, 342 – 12570-045 – Aparecida-SP Tel.: 12 3104-2000 – Televendas: 0800 - 016 00 04
www.editorasantuario.com.br
vendas@editorasantuario.com.br

São João Paulo II

Karol Józef Wojtyla, mais conhecido como Papa João Paulo II, nasceu em 18 de maio de 1920, na cidade de Wadowice, Polônia. Filho de Karol Wojtyla e Emilia Kaczorowska, ficou órfão de mãe aos nove anos e, nessa mesma idade, fez sua Primeira Comunhão. Aos 18 anos, recebeu o sacramento da Crisma.

Sentindo-se chamado ao sacerdócio, ingressou no seminário clandestino de Cracóvia, em outubro de 1942, sendo ordenado sacerdote em 1º de novembro de 1946. Recebeu o título de doutor em Teologia em 1948, com uma tese fundamentada sobre a fé nas obras de São João da Cruz. Sua ordenação episcopal aconteceu em 28 de setembro de 1958, sendo nomeado Arcebispo de Cracóvia em 13 de janeiro de 1964 pelo Papa Paulo VI, o qual o nomeou Cardeal em 26 de junho de 1967.

Karol foi eleito papa no dia 16 de outubro de 1978 e escolheu o nome de João Paulo II, sendo o primeiro papa a optar pelo mesmo nome de seu antecessor. Entre seus documentos principais, compreendem-se 14 Encíclicas, 15 Exortações

Apostólicas, 11 Constituições Apostólicas e 45 Cartas Apostólicas. Durante seu papado de quase 27 anos, ele proclamou 1.338 beatos e 482 santos.

João Paulo II falava fluentemente várias línguas, entre elas, o português, além de chegar a fazer pronunciamentos em quase 90 idiomas. Durante seu pontificado, realizou 146 viagens pastorais dentro da Itália e 104 para outros países. Oficialmente, visitou o Brasil em três ocasiões: a primeira visita aconteceu em 1980, quando beatificou José de Anchieta e esteve em Aparecida para abençoar solenemente o Santuário Nacional; em 1991, voltou ao país numa visita especial à Irmã Dulce, em Salvador, e realizou a beatificação de Madre Paulina; logo depois, em 1997, João Paulo II participou do II Encontro Mundial com as Famílias, na cidade do Rio de Janeiro. Numa de suas viagens, com destino à Argentina, em 1982, o papa fez um breve discurso no Brasil, durante a escala de seu voo na capital carioca.

João Paulo II faleceu no dia 2 de abril de 2005, no Palácio Apostólico do Vaticano e foi o 264º Papa da Igreja Católica. Foi beatificado pelo Papa Emérito Bento XVI, em 1º de maio de 2011, e canonizado pelo Papa Francisco, em 27 de abril de 2014.

São João Paulo II teve uma notável fama de santidade durante sua vida inteiramente dedicada a Deus, construindo a paz entre as nações. Comemora-se sua festa litúrgica em 22 de outubro, em homenagem ao dia de inauguração de seu pontificado.

Oração inicial

– Em nome do Pai, do Filho e do Espírito Santo.
– Amém!
– A nossa proteção está no nome do Senhor.
– Que fez o céu e a terra!
– Ouvi, Senhor, minha oração!
– E chegue até vós o meu clamor!
– Vinde, Espírito Santo, enchei os corações de vossos fiéis e acendei neles o fogo do vosso amor. Enviai vosso Espírito e tudo será criado! E renovareis a face da terra!

Oremos: Ó Deus, que instruístes os corações dos vossos fiéis com a luz do Espírito Santo, fazei que apreciemos retamente todas as coisas, segundo o mesmo Espírito, e gozemos sempre da sua consolação. Por Cristo, nosso Senhor! Amém!

Oferecimento da Novena: Ó Santíssima Trindade, ao começar este dia de novena em honra a São João Paulo II, suplico a vós que purifiqueis meu corpo e minha alma com a luz do Espírito Santo, e guiado pelos ensinamentos de Jesus Cristo, espero confiante por vossa misericórdia paternal, pois reconheço meus pecados e procurarei amar meus irmãos, como amo a mim mesmo e a vós, acima de tudo. Que a exemplo do Santo Padre João Paulo II, eu persevere em minha fé. Peço-vos que faça de mim um instrumento de vossa Paz. Deus Misericordioso, humildemente, agradeço-vos tantas graças alcançadas e, neste momento, recorro à intercessão do glorioso São João Paulo II, que conduza a vós minhas preces *(pedir a graça a ser alcançada)*. Ó Deus Pai, recebei meus clamores e, se for de vossa vontade, conceda-me a graça que vos suplico com toda a esperança. Assim seja. Amém!

Ladainha a São João Paulo II

Senhor, **tende piedade de nós!**
Cristo, **tende piedade de nós!**
Senhor, **tende piedade de nós!**
Jesus Cristo, **ouvi-nos!**
Jesus Cristo, **atendei-nos!**

Deus Pai do Céu, **tende piedade de nós!**
Deus Filho, **Redentor do mundo, tende piedade de nós!**
Deus Espírito Santo, **tende piedade de nós!**
Santíssima Trindade, **que sois um só Deus, tende piedade de nós!**

Santa Mãe de Deus, Maria Santíssima, **rogai por nós!**
São João Paulo II, **rogai por nós!**
Papa Santo e Peregrino, **rogai por nós!**
Amante do Rosário, **rogai por nós!**
Semeador da paz entre as nações, **rogai por nós!**
Seguidor fiel de Cristo, **rogai por nós!**

Filho consagrado à Maria, **rogai por nós!**
Papa da juventude e das famílias, **rogai por nós!**
Defensor da dignidade humana, **rogai por nós!**
Consolador dos sofredores, **rogai por nós!**
Iluminado da Santa Igreja, **rogai por nós!**

Cordeiro de Deus, que tirais o pecado do mundo,
perdoai-nos, Senhor!
Cordeiro de Deus, que tirais o pecado do mundo,
ouvi-nos, Senhor!
Cordeiro de Deus, que tirais o pecado do mundo,
tende piedade de nós!

Rogai por nós, São João Paulo II,
Para que sejamos dignos das promessas de Cristo. Amém!

Oração final

Amado Jesus, eu quero vos agradecer tantas graças alcançadas, por vosso amor tão grandioso, que me renova e dá ânimo para seguir vossos mandamentos. Vós nos ensinastes, por meio de nosso irmão São João Paulo II, a missão de semear entre os povos a paz e a sempre defender a dignidade humana com justiça e igualdade. Senhor Jesus, ajudai-me a seguir o modelo de vida do Santo Padre João Paulo II, que conduziu vossa Igreja à luz do Espírito Santo e consagrou-se a vossa Mãe, Maria Santíssima, como filho obediente à vontade de Deus Pai Onipotente. Pela intercessão de São João Paulo II e de todos os santos, abençoai-me e protegei-me, ó Deus Todo-Poderoso: Pai, Filho e Espírito Santo. Amém!

1º Dia
Amor ao próximo

1. Oração inicial *(p. 6)*

2. Palavra de Deus *(Jo 15,10.12-13)*
Jesus disse: "Se guardais meus mandamentos, permanecereis em meu amor, assim como eu guardei os mandamentos de meu Pai e permaneço em seu amor. Este é o meu mandamento: que vos ameis uns aos outros como eu vos amei. Ninguém tem maior amor do que este: dar a vida por seus amigos". – Palavra da Salvação.

3. Reflexão
Estamos vivendo em uma sociedade cada vez mais individualista, que prioriza o ter e se esquece da importância do ser, do ser mais humano. Já paramos para pensar se nós realmente amamos a Deus como Ele merece? Estamos sendo verdadeiros amigos de Jesus, seguindo seu mandamento do amor? Muitas vezes, somos egoístas e maldosos, fingimos não enxergar a dor do irmão sofredor e o

abandonamos, deixamos Deus fora de nossa vida, pois "Quem não ama não conheceu a Deus, porque Deus é amor" *(1Jo 4,8)*. Assim, somente ama Jesus Cristo, de fato, quem ama seu próximo como a si mesmo, sem exclusão. São João Paulo II conduziu a Igreja de Cristo, amando o povo de Deus com seu coração humilde e fraterno. Que aprendamos a nos oferecer para ajudar nossos irmãos, porque só assim amaremos verdadeiramente a Jesus Cristo e chegaremos à glória do Pai.

4. Oração a São João Paulo II

Venerável São João Paulo II, tu ensinaste ao mundo que "o amor é maior que o pecado, que é fraqueza e vaidade". Que meu coração entenda que somente o amor ao próximo poderá me conduzir a Deus, por meio de minhas atitudes concretas em favor de uma sociedade mais justa e fraterna, sem ódio e exclusão. São João Paulo II, intercede por mim nos momentos de fraqueza e desamor, para que eu possa cumprir o que Deus sempre esperou de mim. Assim seja. Amém!

– *Rezar 1 Pai-Nosso, 3 Ave-Marias e 1 Glória ao Pai.*

5. Ladainha a São João Paulo II *(p. 8)*

6. Oração final *(p. 10)*

2º Dia
Viver a santidade

1. Oração inicial *(p. 6)*

2. Palavra de Deus *(1Pd 1,13-16)*
Depois de ter preparado vossa mente para agir, sede vigilantes e esperai plenamente na graça que vos será dada pela revelação de Jesus Cristo. Como filhos obedientes, não sigais os maus desejos de outrora, quando estáveis na ignorância, mas, assim como é santo aquele que vos chamou, tornai-vos santos vós também em toda a vossa conduta, porque está escrito: "Sede santos, porque eu sou santo". – Palavra do Senhor.

3. Reflexão
Pense no silêncio de seu coração: "Estou buscando viver a santidade, afastando-me do pecado e das ilusões que o mundo tem me oferecido?" Certamente, estamos ainda distantes da graça de sermos chamados santos, mas nunca é tarde

para começarmos a mudar nosso modo de pensar e agir, conforme os desígnios de Deus. Certa vez, São João Paulo II declarou: "Não se preocupe com suas falhas, no que tentou fazer, mas no que ainda é possível realizar". Se perturbamos o nosso coração com nossos erros do passado, a partir de hoje vamos procurar somente nos importar com a prática do bem, longe dos maus desejos, da ganância e soberba. Este é o caminho que nos levará à santidade, vivendo à imagem e semelhança de Deus Pai.

4. Oração a São João Paulo II

Admirável São João Paulo II, seguidor fiel de Cristo, viveste a santidade ainda neste mundo, mostrando-nos que "ser Santo é lutar contra o pecado de todos os dias". Auxilia-me e intercede à graça divina que derrame sobre minha vida a luz do Espírito Santo, para que eu não seja iludido por maus costumes e por pensamentos pecaminosos. Ajuda-me na busca pela santidade, pois não quero permanecer no pecado que me afasta de Deus e dos irmãos. Assim seja. Amém!

– *Rezar 1 Pai-Nosso, 3 Ave-Marias e 1 Glória ao Pai.*

5. Ladainha a São João Paulo II *(p. 8)*

6. Oração final *(p. 10)*

3º Dia
Perdoar, eis a salvação!

1. Oração inicial *(p. 6)*

2. Palavra de Deus *(Mt 18,21-22)*
Pedro aproximou-se de Jesus e perguntou: "Senhor, quantas vezes devo perdoar a meu irmão se ele pecar contra mim? Até sete vezes?" Jesus respondeu-lhe: "Não apenas sete vezes, mas até setenta vezes sete". – Palavra da Salvação.

3. Reflexão
Na tarde de 13 de maio de 1981, o Papa João Paulo II sofreu um atentado na Praça de São Pedro, no Vaticano. Tiros foram disparados contra o Santo Padre pelo jovem turco Ali Agca, ferindo-o gravemente. O Papa revelou em seu livro "Memória e Identidade" que perdoou o atirador, ainda estando a caminho do hospital. Tempo depois, São João Paulo II encontrou-se com ele e concedeu-lhe seu perdão.

Que valioso testemunho de perdão São João Paulo II nos apresentou durante sua vida missionária! Será que faríamos o mesmo diante daquela situação de tanta dor? Ou negaríamos o perdão ao jovem atirador? Deus entregou seu próprio filho para remissão de nossos pecados, e muitas vezes deixamos o orgulho invadir nosso coração e recusamos desculpar nosso irmão. Nós não temos o direito de não perdoar, aliás, somente seremos chamados à Morada Celeste se vivenciarmos em nossa alma o verdadeiro perdão. Pense nisso!

4. Oração a São João Paulo II
Amado São João Paulo II, defensor da paz e do perdão, eu recorro a tua intercessão misericordiosa e te peço sabedoria para saber perdoar as ofensas que atormentam a minha alma. Educa-me para uma vida sem orgulho e rancor, abre meu coração à graça do perdão. Somente poderei ser feliz quando eu perdoar os meus irmãos, por isso orienta meus passos pelo caminho da salvação para que, um dia, eu possa encontrar definitivamente com Deus Pai em sua glória. Assim seja. Amém!
– *Rezar 1 Pai-Nosso, 3 Ave-Marias e 1 Glória ao Pai.*

5. Ladainha a São João Paulo II *(p. 8)*

6. Oração final *(p. 10)*

4º Dia
O poder da oração

1. Oração inicial *(p. 6)*

2. Palavra de Deus *(Sl 66,16-20)*
Vinde e escutai, vós todos que temeis a Deus, vou narrar o que ele fez por mim. A ele gritei com minha boca e minha língua o exaltou. Se eu achasse culpa em meu coração, o Senhor não me teria ouvido; mas Deus me ouviu, deu atenção à voz de minha súplica. Bendito seja Deus que não rejeitou minha oração nem apartou de mim seu amor. – Palavra do Senhor.

3. Reflexão
Para vivermos em comunhão com Deus nós precisamos sempre estar em sintonia com Ele, por meio da oração. Em muitos momentos nos desesperamos em nossas preces, achando que o nosso jeito de rezar não agrada a Deus e que nossas palavras são insuficientes. Deus Pai conhece cada um de nós e se orarmos, com o coração hu-

milde e sincero, Ele nos atenderá. Jesus nos ensina a rezar: "Em vossas orações, não useis muitas palavras, porque vosso Pai sabe o que precisais, antes mesmo que lho peçais" (Mt 6,7-8). Aprendamos a nos abrir verdadeiramente a Deus em nossas aflições, mas primeiramente o agradeçamos por sua infinita misericórdia e pela esperança de todos os dias. Amém!

4. Oração a São João Paulo II

São João Paulo II, apóstolo incansável da oração, nos disseste: "Aprendei a ouvir no silêncio a voz de Deus que fala no mais fundo de cada um de nós". Roga por mim, que eu não desanime em minhas preces, que eu saiba agradecer a Deus as graças recebidas, antes de suplicar seu auxílio. Também vos peço, ó Deus Trino, renovai minhas forças nos momentos difíceis, não realizeis meus desejos, mas que reine a vossa vontade, pois sabeis o que é melhor para meu futuro. Obrigado por vossa paternal presença em meu coração, hoje e sempre. Amém!

– *Rezar 1 Pai-Nosso, 3 Ave-Marias e 1 Glória ao Pai.*

5. Ladainha a São João Paulo II *(p. 8)*

6. Oração final *(p. 10)*

5º Dia
Família de Deus

1. Oração inicial *(p. 6)*

2. Palavra de Deus *(Pr 23,15.22-23.25)*
Meu filho, se teu coração for sábio, também meu coração se alegrará. Escuta teu pai que te gerou, não desprezes tua mãe quando velha. Adquire o verdadeiro bem e não o cedas: a sabedoria, a instrução e o entendimento. Que teu pai e tua mãe se alegrem e exulte aquela que te gerou.
– Palavra do Senhor.

3. Reflexão
Nós somos a família de Deus Pai, que nos criou para sermos a sua imagem e semelhança. Mas quantas vezes quebramos a idealização divina com traições, brigas, desamor e desrespeito dentro de nossos lares? Deus reservou aos pais o dom de gerar os filhos e o dever de cuidar e educar, por isso Ele exige dos filhos que honrem pai e mãe. A família que respeita os mandamentos de Deus

mantém o respeito e o amor entre todos os seus membros. "Esposas, sede dóceis a vossos maridos. Maridos, amais vossas mulheres. Filhos, obedecei em tudo aos pais. Pais, não intimideis vossos filhos, para que não desanimem" *(Cl 3,18-21)*. São João Paulo II sempre exaltou o valor da família: "O futuro da humanidade passa pela família. Só ela salva". Que os bons costumes enobreçam nossos lares, pois o Senhor se rejubila naquele que reconhece o quão preciosa é a família unida.

4. Oração a São João Paulo II

São João Paulo II, defendeste a família em teu pontificado de amor, por isso vimos te pedir: intercede por nossa família, que não faltem o respeito e o perdão em nossos lares. Que a exemplo de Jesus, Maria e José, vivamos dignamente os mandamentos de Deus, renunciando as traições e os desafetos, enfim, tudo o que nos distancia do plano divino, e que a luz do Espírito Santo resplandeça em nossos corações. Amém!

– *Rezar 1 Pai-Nosso, 3 Ave-Marias e 1 Glória ao Pai.*

5. Ladainha a São João Paulo II *(p. 8)*

6. Oração final *(p. 10)*

6º Dia
Vinde, Espírito Santo!

1. Oração inicial *(p. 6)*

2. Palavra de Deus *(At 2,1-4)*
Chegando o dia de Pentecostes, os apóstolos estavam reunidos no mesmo lugar. De repente, veio do céu um ruído semelhante ao de uma forte ventania e encheu toda a casa onde estavam. E apareceram-lhes línguas como de fogo, que se repartiam, pousando sobre cada um deles. Todos ficaram cheios do Espírito Santo e começaram a falar em outras línguas, conforme o Espírito lhes concedia se expressar. – Palavra do Senhor.

3. Reflexão
O Espírito Santo é a terceira Pessoa da Santíssima Trindade, Ele é o Supremo Amor transbordante e o operador dos dons de Deus em nossa vida. Quando batizados, recebemos a graça infinita do Pai por meio do Divino Espírito e a confirmamos na Crisma. Às vezes, fraqueja-

mos na fé e nos tornamos ingratos com Deus ao desaprovar a sua vontade em nossa caminhada, pois nos esquecemos de invocar o Paráclito, pedir que o Espírito Santo nos revigore e nos dê a Sabedoria para aceitarmos os desafios da vida. Abramos o nosso coração e invoquemos: "Vinde, Espírito de Deus, vinde fazer morada em meu ser, pois vossa graça me sustenta e me conduz. Assim seja. Amém!"

4. Oração a São João Paulo II

Iluminado São João Paulo II, intercede por mim nesta súplica ao Espírito Santo: "Ó Paráclito de Deus, dai-me a Ciência para sentir a presença do Pai em meu viver; dai-me o Entendimento e a Sabedoria para compreender os mistérios de amor; dai-me o Conselho para acertar nas decisões difíceis da vida; dai-me a Piedade para amar infinitamente a vós e a meus irmãos; dai-me também a Fortaleza e o Temor de Deus para não vacilar na fé e jamais ofender a Trindade Santa. Assim seja. Amém!"

– *Rezar 1 Pai-Nosso, 3 Ave-Marias e 1 Glória ao Pai.*

5. Ladainha a São João Paulo II *(p. 8)*

6. Oração final *(p. 10)*

7º Dia
Paz entre as nações

1. Oração inicial *(p. 6)*

2. Palavra de Deus *(Ef 2,12-14)*
Caríssimos, lembrai-vos de que naquele tempo estáveis sem Cristo, sem direito de cidadania em Israel, estranhos às alianças da promessa, sem esperança e sem Deus neste mundo. Mas agora, em Cristo Jesus, vós, que outrora estáveis longe, fostes trazidos para perto, graças ao sangue de Cristo. Pois ele é nossa paz: dos dois povos ele fez um só povo derrubando por meio de sua carne o muro de ódio que havia entre eles. – Palavra do Senhor.

3. Reflexão
Conflitos e guerras entre os povos sempre fizeram parte da história, mas Deus enviou seu Filho Amado para trazer a paz que aniquila qualquer rivalidade e ódio. Ainda há muitos que impedem que esta paz habite seu coração e espalham mor-

te e opressão entre os povos. Mas o Pai jamais nos desampara e, depois de Jesus, nos envia filhos agraciados com sua bondade. São João Paulo II foi um destes, conduziu a Igreja com a paz que vem dos Céus, encontrando-se com diversos chefes das nações e os aconselhando a lutar por uma pátria livre do ódio e da guerra: "As armas não fazem o destino de um homem, mas podem pôr em risco toda a humanidade". Que não aceitemos o conformismo diante dos conflitos sociais, mas construamos um mundo sem morte e perseguição. Esta é a vontade de Deus, esta é a nossa missão! Amém!

4. Oração a São João Paulo II
São João Paulo II, promotor da paz entre as nações, ajuda-nos a construir um mundo melhor, sem guerra e opressão. Que o Espírito Santo habite o coração dos cruéis que alimentam a cultura do ódio entre os povos. Senhor, dai-nos a força necessária para construirmos a vossa paz, levando o Evangelho aos incrédulos e amparando as vítimas do desamor. Assim seja. Amém!

— *Rezar 1 Pai-Nosso, 3 Ave-Marias e 1 Glória ao Pai.*

5. Ladainha a São João Paulo II *(p. 8)*

6. Oração final *(p. 10)*

8º Dia
Maria, Mãe da Igreja

1. Oração inicial *(p. 6)*

2. Palavra de Deus *(Lc 1,39-42.45)*
Naqueles dias, Maria partiu em viagem, indo às pressas para a região montanhosa, para uma cidade da Judeia. Entrou na casa de Zacarias e cumprimentou Isabel. Logo que Isabel ouviu a saudação de Maria, o menino saltou em seu seio, e Isabel ficou cheia do Espírito Santo e exclamou em alta voz: "Tu és bendita entre as mulheres e bendito é o fruto de teu ventre! Bem-aventurada aquela que acreditou que se cumpriria o que lhe foi dito da parte do Senhor!" – Palavra da Salvação.

3. Reflexão
Maria é modelo de fidelidade, deu seu "sim" a Deus e mudou totalmente a história da humanidade. Ela doou sua vida para gerar o Salvador pela ação do Espírito Santo. Aceitou o projeto divino sem hesitar, arriscando ser apedrejada ao ser vista como

adúltera por seu povo e até mesmo abandonada pelos que mais a amavam, mas Maria quis realizar a vontade de Deus, não a vontade humana. Será que nós teríamos a mesma coragem da Mãe de Cristo, aceitando sofrer calúnias e humilhação? Será que temos dado merecida atenção ao plano de Deus? São João Paulo II também deu seu "sim" ao Pai, aceitou pastorear o rebanho do Senhor, além disso, manteve uma vida consagrada a Maria, amando-a como seu Filho a amou. Que aprendamos a oferecer nossa vida ao desígnio de Deus, pois "a messe é grande, mas poucos são os operários" *(Mt 9,37)*.

4. Oração a São João Paulo II

São João Paulo II, consagraste a tua vida a Maria como oferta agradável a Deus. Ajuda-nos, a exemplo da Virgem Santíssima, a servir ao projeto do Pai com total fidelidade, para que tenhamos coragem de enfrentar os desafios da fé, renunciando ao pecado e vivendo o Evangelho de Jesus. Assim seja! Amém!

— Rezar 1 Pai-Nosso, 3 Ave-Marias e 1 Glória ao Pai.

5. Ladainha a São João Paulo II *(p. 8)*

6. Oração final *(p. 10)*

9º Dia
A Eucaristia

1. Oração inicial *(p. 6)*

2. Palavra de Deus *(1Cor 11,23-26)*
O Senhor Jesus, na noite em que era traído, tomou pão e, depois de dar graças, partiu-o e disse: "Isto é meu corpo, que é por vós. Fazei isto em memória de mim". Do mesmo modo, ao fim da ceia, ele tomou o cálice, dizendo: "Este cálice é a nova aliança em meu sangue. Todas as vezes que dele beberdes, fazei-o em memória de mim". De fato, toda vez que comerdes deste pão e beberdes deste cálice, anunciareis a morte do Senhor até que ele venha. – Palavra do Senhor.

3. Reflexão
Ainda há muitos que não acreditam em Jesus, que se acham autossuficientes e negam a existência do Deus-Amor. Mas bem-aventurados são aqueles que acreditam na presença real de Cristo na Eucaristia, presente de amor dado a nós na

Última Ceia, antes da crucificação. A promessa de Jesus "Eu estou convosco todos os dias, até o fim do mundo!" (Mt 28,20) é perpétua, ao vivermos o Evangelho e os mandamentos, ao praticarmos o bem, sobretudo, quando abrimos o nosso coração para receber Seu Corpo e Sangue na Comunhão. Que sejamos responsáveis por levar Jesus Cristo aos incrédulos e aprendamos com São João Paulo II que "A celebração da Eucaristia não é só o dever mais sagrado, mas, sobretudo, a necessidade mais profunda da alma". Assim seja! Amém!

4. Oração a São João Paulo II
São João Paulo II, discípulo de Jesus, glorificaste o nome do Altíssimo ao celebrar a Eucaristia com toda a terra. Que jamais duvidemos da transubstanciação do pão e vinho em Corpo e Sangue do Cristo e, diante da Presença Onipotente de Deus, suplicamos: Pai de Misericórdia, perdoai-nos por nossa falta de fé e amor, mas renovai nosso coração, para que sejamos dignos das promessas de Cristo. Amém!

– Rezar 1 Pai-Nosso, 3 Ave-Marias e 1 Glória ao Pai.

5. Ladainha a São João Paulo II *(p. 8)*

6. Oração final *(p. 10)*

Índice

São João Paulo II 3
Oração inicial 6
Ladainha a São João Paulo II 8
Oração final 10

1º dia: Amor ao próximo 11
2º dia: Viver a santidade 13
3º dia: Perdoar, eis a salvação! 15
4º dia: O poder da oração 17
5º dia: Família de Deus 19
6º dia: Vinde, Espírito Santo! 21
7º dia: Paz entre as nações 23
8º dia: Maria, Mãe da Igreja 25
9º dia: A Eucaristia 27

Este livro foi composto com as famílias tipográficas Bellevue e Calibri e impresso em papel Offset 75g/m² pela **Gráfica Santuário.**